Gefährder Einstein

Judas Aries (Pseudonym für Hubert Berghaus) wurde am 15. April 1960 im Münsterland, Norddeutschland, geboren. Der gelernte Diplom-Verwaltungswirt war seit Mitte der neunziger Jahre über einen Zeitraum von sechzehn Jahren zuletzt als Kriminalhauptkommissar im Bereich Polizeilicher Staatsschutz tätig. Hierbei befasste er sich hauptsächlich mit politisch motivierten Straftaten, Extremismus und Terrorismus. Die polizeiliche Kommissionsarbeit und sein unerschütterlicher Glaube an eine wahre Schöpfungskraft brachten ihn auf die Idee zu einer literarischen Abhandlung über Gott und dessen Missbrauch. Hinter der Entstehung seiner Werke stehen Optimismus, Idealismus, aber vor allem auch das Bedürfnis eines globalen polizeilichen Staatsschutzes für die Freiheitsrechte der Bevölkerung. Judas Aries lebt im Kreis Steinfurt in Nordrhein-Westfalen.

www.judas-aries.de

Gefährder Einstein

Wie Sie Gott mit GOTT zu Fall bringen

Von

Judas Aries

Bibliografische Information der Deutschen Nationalbibliothek:
Die Deutsche Nationalbibliothek verzeichnet diese
Publikation in der Deutschen Nationalbibliografie;
detaillierte bibliografische Daten sind im Internet über
dnb.dnb.de abrufbar.

Umschlagillustration: Rael Wissdorf
Herstellung und Verlag
BoD – Books on Demand, Norderstedt

ISBN: 978-3-7481-5807-3

Inhalt

Eine kleine Vorgeschichte

Kardinal Woelki befragte im Dezember 2017 den digitalen Sprachassistenten *Alexa* zu ausgewählten Details aus der biblischen Weihnachtsgeschichte.[1] Das Ergebnis war ernüchternd: *Alexa* musste passen. Mit einem Augenzwinkern gewährte Woelki *Alexa* väterlich mitleidig Nachhilfe und übernahm selbst die Rolle des Märchenonkels.

Die digitale Revolution schreitet fort und mit der Automatisierung intelligenten Verhaltens wird sicherlich auch *Alexa* in absehbarer Zeit auskunftsfreudiger. Wenn es so weit ist, dann befragen Sie *Alexa* doch auch einmal zu Gott und die Welt. Vielleicht erhalten dann Sie Nachhilfe von *Alexa*. Zum Beispiel in Sachen Liebe, Hass und Gleichberechtigung nach Gottes Vorgaben. Ihre erste Frage könnte lauten:

„Alexa, wie steht der *Liebe Gott* zur gleichgeschlechtlichen Liebe?"
Alexas Antwort: „In 3. Mose 20,13 heißt es: ‚Und wenn ein Mann bei einem Manne liegt, wie man bei einem Weibe liegt, so haben beide einen Gräuel verübt; sie sollen gewisslich getötet werden.'"

---

[1] *Woelki erteilt „Alexa" Nachhilfe*, Westfälische Nachrichten vom 23.12.2017.

„*Alexa*, jetzt mach mal halblang. Das Alte Testament, also ehrlich …"

Alexa versteht den tieferen Sinn des Einwandes und kontert: „Auch das Neue Testament verurteilt laut Römer 1,27 homosexuelle Handlungen, wenn ‚Männer, den natürlichen Gebrauch des Weibes verlassend, in ihrer Wollust zueinander entbrannt sind.' Gott hat die Verurteilung der Homosexualität verfügt und dieser Bann wurde bis heute nicht zurückgenommen."

Sei's drum. Es ist ja auch ein bisschen schwierig mit der Liebe. Aber der Hass! Ihre zweite Frage an *Alexa* könnte lauten:

„*Alexa*, wie steht Gott der Bibel zum unbändigen Hass muslimischer Fanatiker? Zum Beispiel, als der ‚Islamische Staat' in Palmyra den Baal-Tempel zerstörte?"

Antwort: „Der ‚Islamische Staat' handelte ausweislich der Bibel im Sinne seines Gottes. Laut Richter 3,7 und Richter 6,25 war Gott verärgert, weil man einem Konkurrenten namens Baal huldigte. Also verfügte Gott: ‚… reiße den Altar des Baal … nieder und die Aschera, die dabeisteht, haue um! ' Gottes Hass auf Baal wird auch an anderen Stellen in der Bibel bekräftigt. Zum Beispiel in Zephanja 1,4. Demnach äußerte Gott persönlich, er wolle, ‚den Überrest des Baal, den Namen der Götzenpriester samt den Priestern ausrotten'. In logischer Konsequenz erfüllte der ‚Islamische Staat' eine Verfügung Gottes."

„Hey *Alexa*, da hat doch jemand was falsch verstanden! Der Gott der Bibel ist doch nicht Allah! Sind Allah und Gott identisch?"

Alexa antwortet prompt: „Ja."

Aller guten Dinge sind drei. Ihre letzte Frage an *Alexa* könnte lauten:

„*Alexa*, was sagt der Liebe Gott zur Gleichheit zwischen Mann und Frau? Schau doch bitte hauptsächlich ins Neue Testament."

Alexa antwortet emotionslos sachlich: „Gott hat der Frau eine unterwürfige Rolle zugeschrieben. Die Frauenfeindlichkeit zieht sich bis ins Neue Testament. So heißt es im 1. Timotheus-Brief des Paulus, Kapitel 2, Vers 14: ‚Einer Frau gestatte ich nicht, dass sie lehre, auch nicht, dass sie über den Mann Herr sei, sondern sie sei still.' Gottes Befehl in dieser Sache wird in Epheser Kapitel 5, Vers 22, nochmals bekräftigt: ‚Ihr Frauen, ordnet euch euren Männern unter wie dem Herrn.'"

Kommentar des Autors

Vielleicht wissen Sie schon, dass ich den personifizierten Gott unseres großen Monotheismus für eine außerirdische Intelligenz aus Fleisch und Blut halte. Im Laufe von rund zehn Jahren habe ich in sechs Büchern eine starke Indizienlage für die Erkenntnis geschaffen, dass wir mit der religiösen Schöpfungsgeschichte einem gigantischen, aus unserer Perspektive Jahrtausende währenden, Betrug aufgesessen sind.[2]

Ohne dieses Wissen wirft die kleine Vorgeschichte Fragen auf. Zum Beispiel: Wie kann die künstliche Intelligenz problemlos Gott, Bibel und andere Religionen im Einklang bringen? Die Antwort ist einfach. Die künstliche Intelligenz rechnet sachlich. Wir reden definitiv über ein und denselben Gott und dessen Handlungen auf unserer Erde. Der Tanach der Juden, also die hebräische Bibel, ist identisch mit dem Alten Testament der Christen. Zwischen dem letzten Propheten im Alten Testament, Johannes der Täufer, und dem Fortgang der Story im Neuen Testament gibt es keinen literarischen Schnitt. Das Alte Testament verweist auf das Neue, also auf das, was mit der Person Jesu kommen sollte,[3] und das Neue Testament nimmt Bezug auf das Alte. Papst Benedikt XVI. sagte zu Recht: *Die Bibel ist ein langer Brief Gottes ... Zunächst gilt es, den Brief Gottes wirklich zu lesen, d.h. nicht Einzelheiten herauszupicken und das Ganze außer Acht zu lassen ... Im*

---

[2] Judas Aries: *Das Unternehmen Gott – Die Kriminalität (des)der (All)Mächtigen*, BoD, Norderstedt 2009.
Das Unternehmen Gott Teil II – Kampfstiefel des lieben Gottes vs. Mokassins der Mayagötter, BoD, Norderstedt 2011.
Das Unternehmen Gott Teil III – Tatort Nil, BoD, Norderstedt 2012.
Prozessakte Gott – Untersuchung einer kriminellen Vereinigung mit terroristischen Zügen, BoD, Norderstedt 2014.
Der Sitz der Götter – Generalschlüssel Terrorismus, BoD, Norderstedt 2015.
FATIMA – Wozu braucht Gott Fluggeräte?, BoD, Norderstedt 2018.
[3] Siehe Sacharja 9,9 ; Maleachi 3,1 und 4,5

4

Alten Testament fängt eine große Lerngeschichte an … Ohne das Alte Testament kann man Jesus nicht verstehen.[4]

Auch im Koran, also die muslimische Bibel, spricht derselbe Gott, es ist dieselbe Geschichte mit denselben Propheten. Von den fünfundzwanzig Gesandten bzw. Propheten im Koran finden wir vierundzwanzig in der Bibel. Selbst die Weihnachtsgeschichte ist präsent. Auch im Koran erscheint Gabriel der Maria als normaler Mann und kündigt die von Gott beabsichtigte Jungfrauengeburt an.[5] Alles drin, alles dran, alles identisch. Seltsam, dass insbesondere heutzutage kaum einer diesen Fakt offen ausspricht. Im Koran wird nicht das Kreuz abgelehnt und im Koran steht auch nichts von einer Feindschaft im Verhältnis zwischen Muslime und Christen. Der aus Sure 9 entlehnte Satz „Tötet die Ungläubigen, wo immer sie sich verstecken" gilt heidnischen Arabern! Diese verwehrten Mohammed die freie Pilgerfahrt nach Mekka. Mohammed erinnerte sie an seine vorherigen Siege und drohte, Mekka einzunehmen. Die Araber gaben klein bei und boten an, zu Gott zu konvertieren. Wohlgemerkt, zu dem einen Gott. Es gibt keine Verfügung Gottes, dass vor Jesus das Judentum, mit Jesus das Christentum und mit Mohammed der Islam entstehen sollte. Die Muslime beteten anfänglich in Richtung Jerusalem, also die Wirkungsstätte Jesu. Erst

---

[4] „YOUCAT" Jugendkatechismus der Katholischen Kirche, Pattloch Verlag 2010, Seite 21, Frage 16, und Seite 23, Frage 17
[5] Vgl. Koran, Sure 19, Maria

Gabriel verfügte im Auftrag Gottes den Richtungswechsel nach Mekka, wo die Kaaba steht, das größte Heiligtum der Muslime. Interessanter Weise soll ausgerechnet Gabriel zu Abrahams Zeiten dafür gesorgt haben, dass der bis heute rätselhafte kosmische Stein in der Kaaba beim Bau der Kaaba verwendet wurde. Und Gabriel war auch verantwortlich für die Anwerbung Mohammeds und für die Verbreitung der Worte Gottes durch Mohammed. Es gibt haufenweise dieser Verquickungen und Verflechtungen, die rund um die Erde reichen. Wir finden kulturübergreifend ein und denselben Sach- und Sinnzusammenhang zu Gottes handfester Politik, zu seiner Ideologie sowie zu seinen Strukturen personeller und materieller Art. Das reicht von der sogenannten Sintflut und über den Bau der Großen Pyramide als erstes Gotteshaus[6] bis in unsere Gegenwart. Wer hier den Blick für die Ganzheit behält und sich nicht in Kleinigkeiten verliert und nicht mit unnötigen Diskussionen den roten Faden verwässert, dem wird ein Licht aufgehen. Mit dem Stichwort „Licht" sind wir bei dem Thema dieses Büchleins, denn wer den vorgeblichen Gott unseres großen Monotheismus negiert, der sollte auch konstruktive Antworten in der Schöpferfrage parat haben. Wenn Gott ein Betrüger ist, wo bleibt dann der/die oder das wahre

---

[6] Siehe meine Beweisführung in Judas Aries, *Das Unternehmen Gott – Teil III Tatort Nil*

LIEBE GOTT? Wo bleibt dann die Hoffnung auf den Himmel?

Meines Erachtens können wir mit einem Analogieschluss und auf Basis von physikalischem Wissen den Himmel definieren, ja sogar lokalisieren! Und keine Sorge, ich würde als Kriminalist dieses Büchlein nicht veröffentlichen, wenn ich nicht auf dem Boden der Tatsachen bleiben würde. Und mit nur einem Satz stelle ich das Ergebnis dieses Buches direkt voran:

Wir leben im Jenseits und bereichern es aus dem Diesseits.

Viele Gedanken dieses Buches habe ich bereits in meinen ersten beiden Veröffentlichungen dargelegt. Meine Ideen wurden mittlerweile durch zwei Publikationen des Physikers Prof. Dr. Markolf Niemz bereichert, die ich im Folgenden immer wieder heranziehen werde.[8]
Ohne die Erkenntnisse von Prof. Niemz zur Funktion des Lichts und zur Rolle der Relativitätstheorie Einsteins bei der Beantwortung menschentypischer Fragen über Gott und den Himmel hätte ich keinen Anlass gesehen, meine alten Gedanken aufzuwärmen. Ein persönliches Schriftwerk kann nur dann sinnvoll sein, wenn es eine eigene Idee aufweist bzw. eine schon ausgesprochene Idee

---

[8] Prof. Dr. Markolf H. Niemz, *Ichwahn*, Ludwig Verlag, München 2017. Und *Lucys Vermächtnis – Der Schlüssel zur Ewigkeit*, Droemer/Knaur, München 2009.

neu untermauert. Letzteres werde ich in diesem Buch versuchen.

Das betrifft meinen schon mehrfach geäußerten Verdacht, dass die *Heilige Schriften* ein Tatmittel aus der Redaktion unseres vorgeblichen Gottes sein dürften, sowie meine schon mehrfach geäußerte Vermutung, dass die Relativitätstheorie Albert Einsteins ein maßgeblicher Auslöser für den letzten öffentlichen Auftritt Gottes zu Beginn des 20. Jahrhunderts in Fatima war.

Schon vor sieben Jahren sprach ich in meinem zweiten Buch von einem universellen allgemeingültigen Geist, der für jeden Baustein und somit logischerweise für jede Intelligenz im Universum gleichberechtigt gilt, womit der Wettkampf um den besten falschen Gott eindeutig zur Farce wird. Meine Gedanken von damals kann ich nun in Teilen revidieren und vor allen Dingen weiter ausführen.

Ein Konstrukt nach unserem Bilde

Auf der Suche nach einem universellen kosmischen Geist kam mir schon damals die Analogie zwischen Mensch und Computer in den Sinn.

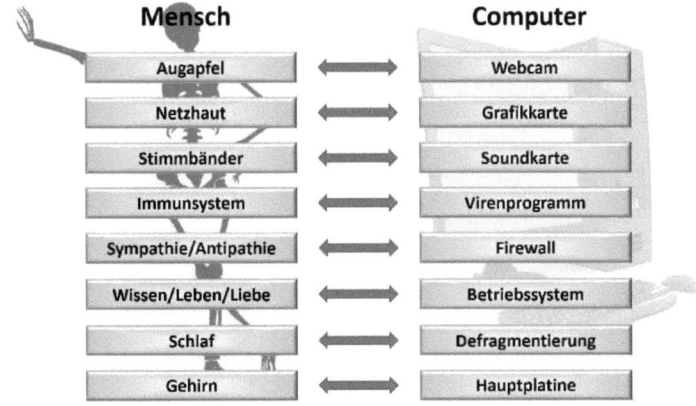

Mensch		Computer
Augapfel	⟷	Webcam
Netzhaut	⟷	Grafikkarte
Stimmbänder	⟷	Soundkarte
Immunsystem	⟷	Virenprogramm
Sympathie/Antipathie	⟷	Firewall
Wissen/Leben/Liebe	⟷	Betriebssystem
Schlaf	⟷	Defragmentierung
Gehirn	⟷	Hauptplatine

Mit dem Bau eines Computers erschaffen wir im Grunde ein Konstrukt nach unserem Bilde: Der Augapfel ist die Webcam, die Netzhaut mit Sehnerv die Grafikkarte. Unsere Stimmbänder entsprechen der Soundkarte, das Immunsystem dem Virenprogramm. Sympathie bzw. Antipathie bilden die Firewall; Wissensdurst, Überlebenswille und Liebe das Betriebssystem. Der rätselhafte Schlaf mit der Funktion des Traumes zur Verarbeitung der im Tagesverlauf erfahrenen Datenflut entspricht der Defragmentierung. Das Gehirn mit seiner Aufgabe als Steuerzentrale für die Körperfunktionen ist in dieser Analogie die Hauptplatine.

Betrachten wir nun den menschlichen Körper in diesem Sinne als Hardware, so ist der Anwender am PC vergleichbar mit dem Geist. Der Geist setzt die Hardware erst in Bewegung. Unser Körper bildet somit die Hardware, mit der der materielose Geist verschränkt ist.

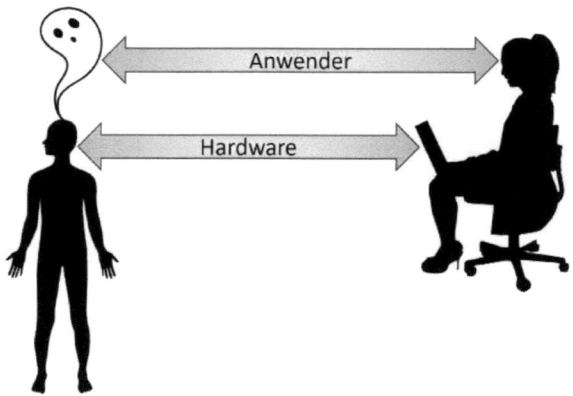

Ich habe das Gehirn mit seinen Gedächtnisfunktionen absichtlich nicht mit der speichernden Festplatte eines Computers verglichen. In meinem zweiten Buch sprach ich noch von der Festplatte gleich dem Langzeitgedächtnis und dem Arbeitsspeicher entsprechend dem Kurzzeitgedächtnis. Heute gehe ich mit Niemz konform, der das Gehirn als eine Art WLAN-Empfänger betrachtet, und zwar als eine Schnittstelle zum Licht, also zum Wissen.

Eine weitere Parallele ergibt sich meines Erachtens, wenn man die Daten in der Cloud in den Mensch-Computer-Vergleich mit einbezieht. In der Computerwelt ist es nicht ungewöhnlich, nur über eine Hardware zu verfügen. Die Daten werden aus der sogenannten Cloud bezogen und dort gespeichert.

Nun fragen Sie sich vielleicht: Wie soll dies beim Menschen funktionieren und was hat das mit dem Himmel zu tun? Die Lösung liegt im größten Rätsel der Menschheit. Ich spreche vom Licht. Licht ist bekanntermaßen ein Datenträger.

Führen wir die Mensch-Computer-Analogie weiter, finden wir noch eine wesentliche Übereinstimmung: Was das World Wide Web für den Anwender eines Computers ist, das könnte das Licht für unsere Geist-Körper-Einheit sein.

Im folgenden Abschnitt beziehe ich mich auf Thesen von Prof. Niemz, die er in seinem Büchern *Ichwahn* und *Lucys Vermächtnis* dargelegt hat. So wie wir mit einem Computer unser Handeln in Schrift, Ton und Bild irgendwo auf der Welt auf einem gigantischen Server speichern, so speichert Licht alles, was jemals im Universum geschieht.

Prof. Niemz schreibt: *Es ist eine Art Tagebuch der Schöpfung. Wir reflektieren Licht, wir produzieren Wärmestrahlung (infrarotes Licht). Selbst Gedanken beruhen auf elektrischer Aktivität im Gehirn, und diese erzeugt stets ein Lichtfeld. Dieses Licht existiert auch nach unserem Tod. So erzeugen wir permanent Einträge in dieses kosmische Tagebuch, für immer und ewig. Mit jeder Tat, jedem Wort und jedem Gedanken. Die Informationen gehen nie verloren, weil Licht weder aus Wellen noch aus Teilchen besteht, die von Materie verschluckt werden könnten. Licht ist ein komplexer, das gesamte Universum durchdringender Speicher, in dem jedes Objekt unauslöschliche Spuren hinterlässt. Licht, das wir abgestrahlt haben, können wir*

nie mehr einholen und löschen, weil es immer schneller ist als wir. Es ist schneller, weil unsere Materie, unsere Masse, eine natürliche Barriere ist. Damit können wir nie auf Lichtgeschwindigkeit gehen. Das Licht ist uns immer voraus. [9]
Der Lichtspeicher sei wie ein Buch in dem wir alle unser eigenes Kapitel schreiben. Diese Daten existieren ewig. Aus physikalischer Sicht *siegt das Licht als Weltgedächtnis über den Tod.*

Die Perspektive des Lichts auf die Wirklichkeit

Wir müssen jetzt einen Gang höher schalten. Konzentrieren wir uns einerseits auf die Perspektive der Geist-Körper-Einheit und die von ihr empfundenen Grundstrukturen der Welt, nämlich die räumliche und zeitliche Distanz. Und beleuchten wir andererseits den äußerst interessanten Blickwinkel des rätselhaften Lichts auf die Wirklichkeit.

Damit Sie einen Fahrplan vor Augen haben, stelle ich zunächst grundsätzliche Ergebnisse zum Licht voran. Diese sind eine Konsequenz aus der Relativitätstheorie Albert Einsteins, vorgestellt von Prof. Niemz in seinem Buch *Lucys Vermächtnis*:

---

[9] Niemz, *Ichwahn*, a.a.O., Kapitel *Die Lichtperspektive*.

- Aus der Perspektive des Lichts ist alles, was jemals im Universum geschieht, hier und jetzt! Das Licht kennt weder Vergangenheit noch Zukunft, nur Gegenwart.
- Also hat für das Licht jede räumliche und zeitliche Distanz den Wert null.
- Mit anderen Worten: Alles, was aus unserer Perspektive geschehen ist, momentan geschieht und jemals geschehen wird, ist im Licht präsent.
- Das Licht hat Raum und Zeit quasi aufgespannt und danach die Materie entstehen lassen.
- Das uns umgebende und durchdringende Licht dürfte der sogenannte *Himmel* sein, in den unser Geist nach dem Tod des Körpers eingeht.

Im Kontext dieser Erkenntnisse über das Licht erklärt sich der Satz, den ich im Vorwort dieses Buches in den Raum gestellt habe: Wir leben im Jenseits und bereichern es aus dem Diesseits.

Wie ich bereits sagte, sind die oben dargestellten Aussagen zum Licht eine Konsequenz aus der Relativitätstheorie Albert Einsteins. Einstein, dem eine theistische Lösung nie in den Sinn kam, hatte keine Erklärung für das Wesen des Lichts. Er sagte: *Fünfzig Jahre intensiven Nachdenkens haben mich der Antwort auf die Frage ,Was sind Lichtquanten?' nicht nähergebracht. Natürlich bildet sich heute jeder Wicht ein, er wisse die Antwort. Doch da täuscht er sich.*[11]

In jedem Fall dürfen wir unsere heutigen Erkenntnisse zur Relativität von Raum und Zeit als gegeben hinnehmen. Wir Menschen empfinden Raum und Zeit als voneinander getrennte Sphären. Albert Einstein konnte jedoch die Relativität, also die Abhängigkeit oder auch Verwobenheit, von Raum und Zeit aus der Lichtgeschwindigkeit ableiten, die von jeder Beobachterposition aus konstant, also unveränderlich ist. Zeit und Raum sind im Gegensatz zum Licht nicht absolut, also nicht für alle Beobachter gleich. Zeitliche und räumliche Distanzen hängen unter anderem davon ab, wie schnell sich etwas relativ zu mir als Beobachter bewegt.

Zur Veranschaulichung ziehe ich ein bildhaftes Beispiel heran, das Bill Bryson in seinem Buch *Eine kurze Geschichte von fast allem*[12] vorstellt. Bryson verweist dabei auf den Mathematiker und Philosophen Bertrand Russell, von dem dieses Bild ursprünglich stammt:

Stellen Sie sich einen Zug vor, der 100 Meter lang ist und sich mit 60 Prozent der Lichtgeschwindigkeit bewegt. Aus der Sicht eines ruhenden Beobachters, der den Zug vorbeifahren sieht, scheint er rechnerisch nur 80 Meter lang zu sein. Auch die Insassen und alles im Zug

---

[11] Albert Einstein, Zitat aus einem Brief an Michele Besso, 1951.
[12] Bill Bryson: *Eine kurze Geschichte von fast allem*, Goldmann Verlag, München 2004.

Befindliche erscheinen entsprechend zusammengedrückt. Die Bewegungen der Reisenden wären verlangsamt und auch ihre Stimmen würden träge erscheinen. Selbst die Uhren in dem Zug würden – wohlgemerkt: nur von außen betrachtet – mit vier Fünfteln ihrer normalen Geschwindigkeit laufen. Im Zug selbst bemerken die Fahrgäste keine Zeit- und Längenverzerrungen. Allerdings registrieren die Insassen die auf dem Bahnsteig stehenden Menschen nun ihrerseits entsprechend gestaucht und verlangsamt, wenn beide Systeme sich mit konstanter Geschwindigkeit und ohne Richtungsänderung zueinander bewegen. Auch der ruhende Bahnsteig ist in diesem Sinne ein Bezugssystem. Wenn die Systeme ihre relativen Bewegungen zueinander einstellen und sich zum Uhrenvergleich treffen, stellen sie fest, dass das bewegte System langsamer gealtert ist. Das ist übrigens das Prinzip, von dem Gott in der Bibel und im Koran spricht, wenn er sinnbildlich mitteilt, dass tausend Erdenjahre für ihn nur ein Tag seien.[13]

Räumliche und zeitliche Distanzen hängen aber nicht nur von der Perspektive des Beobachters ab, sondern auch von der umgebenden Masse und Energie. Einsteins Allgemeine Relativitätstheorie besagt auch, dass eine Uhr langsamer geht, wenn sie sich in der Nähe einer großen Masse befindet. Außerdem vergeht die Zeit auf einem hohen Berg

---

[13] Vgl. Bibel, Psalm 90,4 und Koran, Sure 32,4.

schneller, und eine Uhr läuft umso langsamer, je näher sie dem Erdmittelpunkt ist. Somit altern Menschen im Tal langsamer im Verhältnis zu Menschen auf einem hohen Berg, auch wenn der Unterschied für uns auf der Erde nicht wahrnehmbar ist.

Widmen wir uns nun dem Blickwinkel des Lichts. Dem Licht sind unsere Sekunden und unsere Meter gleichgültig, also auch die aus unserer Perspektive geltende Lichtgeschwindigkeit von rund 300.000 Kilometern pro Sekunde.

Im Grenzfall einer Relativbewegung mit Lichtgeschwindigkeit sagt die Relativitätstheorie voraus, dass aus der Perspektive des Lichts jede räumliche und zeitliche Distanz den Wert null hat. Dies erläutert Prof. Niemz in seinem Buch *Ichwahn*. Er legt dabei ausdrücklich Wert auf die Feststellung, dass dies nicht bedeutet, dass für das Licht alles raumlos und zeitlos wäre. Für das Licht ist alles distanzlos in Raum und Zeit![14] Distanzlosigkeit bedeutet nicht die Aufhebung von Raum und Zeit. Raum- und Zeitloses wäre ein Nichts. Dann wäre nichts vorhanden. Licht ist aber vorhanden. Es ist nur so, dass für das Licht der gesamte Kosmos nur ein Punkt ist und dessen gesamte Geschichte nur ein Augenblick, also auch das, was aus unserer Perspektive noch in der Zukunft liegt.

---

[14] Niemz, *Lucys Vermächtnis*, S. 70

Natürlich tun sich jetzt eine Fülle von Fragen auf, zum Beispiel:

- Wie kann die Ewigkeit Informationen aufnehmen, wenn sie weder eine Vergangenheit noch eine Zukunft kennt?
- Wie kann es sein, dass im Licht alle Ereignisse stets präsent sind, obwohl aus unserer Perspektive die Zukunft noch aussteht?
- Wie ist die Anbindung an das Licht zu Lebzeiten der menschlichen Hardware zu verstehen?
- Was ist der menschliche Geist?
- Was geschieht mit uns nach dem Sterben?
- Wer kontrolliert das Licht?

Bei der Beantwortung der sechs Fragen orientiere ich mich zu einem Teil an Schlussfolgerungen, die Prof. Niemz in seinen Büchern *Ichwahn* und *Lucys Vermächtnis* dargelegt hat:

Wie kann die Ewigkeit Informationen aufnehmen, wenn sie weder eine Vergangenheit noch eine Zukunft kennt?
Aus unserer Perspektive füllen wir den Lichtspeicher nach und nach mit Informationen. Aus dem Blickwinkel des Lichts hat jede Distanz den Wert null, das heißt, alle Sekunden unseres Lebens verstreichen ohne Verzögerung. Jedes Ereignis, einfach alles, geschieht für das Licht auf

einmal. Die unmittelbare Präsenz aller Details macht jegliche Dynamik zunichte – das Ewige ist statisch! ES IST.

Wie kann es sein, dass im Licht alle Ereignisse stets präsent sind, obwohl aus unserer Perspektive die Zukunft noch aussteht?[15]

Der statische Charakter des Lichts widerspricht nicht der Tatsache, dass wir die Welt dynamisch erleben. Es hängt damit zusammen, dass die Wirklichkeit sich für uns in räumlich und zeitlich aufspaltet, also in ein Gegenüber und in ein Nacheinander.

Mit einem Blick auf die Sonne können wir uns diese Kuriosität vielleicht ein wenig erschließen. Aus unserer Perspektive braucht das Licht der Sonne acht Minuten bis zur Erde. Wohlgemerkt: aus unserer Sicht. Weil Raum und Zeit jedoch relativ sind, müssen auch die genannten Zahlenwerte relativ sein. Sie gelten nur für uns auf der Erde. Unabhängig von unserer Perspektive ist Licht aber ein Kontinuum, das überall präsent ist – also zugleich auf der Sonne und der Erde. Es ist an allem, was aus unserer Sicht vergangen ist, gegenwärtig ist oder noch geschehen wird, unmittelbar beteiligt.

Denken wir zum besseren Verständnis an einen tausend Lichtjahre entfernten Stern, der über uns am Nachthimmel leuchtet. Wir sehen ihn in einem Zustand, den er vor

---

[15] Die Antwort ist eine Zusammenfassung des Autors aus Niemz, *Ichwahn*, a.a.O., Kapitel: *Die Lichtperspektive* und Niemz, *Lucys Vermächtnis,* a.a.O., Kapitel *Antwort auf Frage 11*

tausend Lichtjahren eingenommen hat. Dem Licht ist der „aktuelle" Zustand dieses Sterns aber auch schon bekannt. Das Licht weiß es bereits. Selbstverständlich, denn es ist ja auch dort! Und weil für das Licht alles distanzlos ist, weiß das Licht ohne den geringsten Verzug, also mit dem Wert null, alles über uns und über den für uns tausend Lichtjahre in der Zukunft liegenden Zustand des Sterns.

Für das Licht gibt es keinen Flug von der Sonne bis zur Erde oder bis zu dem entfernten Stern, weil das Licht weder räumliche noch zeitliche Distanzen kennt. Deshalb ist dem Licht auch sämtliche Zukunft aus unserer Perspektive schon bekannt. Das ist eine Konsequenz aus der Relativitätstheorie Albert Einsteins.

Wie ist die Anbindung an das Licht zu Lebzeiten der menschlichen Hardware zu verstehen?

Das Licht ist in uns und wir sind im Licht. Dies geht weit über das sichtbare Licht hinaus. In unseren Zellen ist es als Biophotonen tätig. Dieses „Lebenslicht" gilt als eine Art Datenträger innerhalb des relativ riesigen Raumes zwischen Atomkern und Elektronenhülle. Diese Lichtstrahlung regt biochemische Abläufe in der Hardware unseres physischen Körpers an. Es informiert die Zellen über das Geschehen im Zellverband und ist somit die Sprache des Lebens. Natürlich macht das Licht nicht an unserer Körperhülle Halt. Also ist alles an allem beteiligt und es gibt auch keine Leere im Universum.

Wenden wir uns nun ein paar Phänomenen aus der Quantenphysik zu.

Wir gehen davon aus, dass die physikalische Welt unabhängig davon existiert, ob wir sie beobachten oder nicht. Na klar, Planeten ziehen auch ohne Betrachtung durch uns ihre Bahn, wir können ihnen und allen anderen Objekten eine Existenz zuordnen. In der Quantentheorie aber kommt man zu einer unglaublichen Erkenntnis: Elementaren Objekten, wie Photonen, Elektronen usw., kann man, bevor sie beobachtet werden, keine physikalische Realität zuordnen! Auf der Quantenebene existiert Realität also erst, wenn wir sie messen oder beobachten.

Stellen Sie sich vor, Sie würden den Mond erst am Himmel finden, wenn Sie ihn beobachten oder messen wollen, und eine weitere Messung würde den Mond dann an einem ganz anderen Ort zeigen, nur weil Sie ihn eben dort beobachten wollten. Der Beobachter und das beobachtete Objekt sind in der Quantenwelt nicht mehr unabhängig voneinander. Somit tauchen Teilchen aus dem Nichts auf, sie scheinen an vielen Orten gleichzeitig zu sein und erst, wenn wir sie beobachten, entscheiden sie sich für einen bestimmten Zustand. Quantenforscher akzeptieren dass die Messung oder die Beobachtung die subatomare Realität beeinflusst.

Es wird noch verrückter! Wenn in unserer makroskopischen Welt etwas passiert, dann werden damit verbundene Veränderungen höchstens mit

Lichtgeschwindigkeit weitergegeben und sie beeinflussen in einem anderen Bereich dort herrschende Bedingungen.

Die Quantentheorie liefert aber etwas Überraschendes: die Nichttrennbarkeit! *In der Relativitätstheorie sind Raum, Zeit, Masse und Energie sehr eng miteinander verflochten. Sich bloß für das Materielle zu entscheiden, würde demnach eine enorme Einschränkung bedeuten.*[16] Die Quantenphysik geht einen Schritt weiter. Sie lehrt uns, dass kein Objekt in dieser Welt isoliert betrachtet werden darf, sondern dass *alles mit allem zusammenhängt.*[17]

Kommen wir nun zum größten Rätsel in der Physik: die sogenannte *Verschränkung* oder, wie Albert Einstein sagte, die *spukhafte Fernwirkung.* Was steckt dahinter?

Zwei Lichtteilchen, die am selben Ort zur selben Zeit entstanden sind, sind durch ein geheimnisvolles telepathisches Band auf Ewigkeit miteinander verbunden. Verschränkte Lichtteilchen lassen sich mit Lasern und speziellen optischen Kristallen erzeugen. Haben sie einmal in Wechselwirkung gestanden, verhalten sie sich nicht mehr wie individuelle Objekte. Sie haben die erstaunliche Fähigkeit, stets zu „wissen", wie sich ihr Gegenstück unter einem bestimmten Experiment verhält. Sie treffen, ohne eine zeitliche Verzögerung, gemeinsam die gleiche Entscheidung, ganz gleich, wie weit sie voneinander

---

[16] Niemz, *Lucys Vermächtnis*, a.a.O., Seite 58
[17] Hans-Peter Dürr, *Auch die Wissenschaft spricht nur in Gleichnissen*, Herder Verlag 2004, S. 16

entfernt sind. Dabei werden keine Informationen ausgetauscht, denn Information kann schnellstens mit Lichtgeschwindigkeit übertragen werden, also mit einer zeitlichen Verzögerung. Diese haben wir hier aber nicht.

Es handelt sich bei der Verschränkung nicht nur um ein Phänomen der Quantenwelt. Die Verschränkung von Atomen wurde bereits nachgewiesen!

Verschränkte Teilchen wissen also voneinander, ohne miteinander zu kommunizieren. Prof. Niemz stellt in seinem Buch *Ichwahn* diesbezüglich die logische Frage: *Sind es dann zwei oder nicht zwei?*[18] Sind es also zwei Teilchen oder handelt es sich um eine nicht teilbare Ganzheit? Wenn nichts schneller sein kann als das Licht, Informationsübertragung somit ausgeschlossen werden kann, dann sind es keine individuellen Objekte, sondern sie bilden eine Ganzheit!

Darüber gelangen manche Physiker zu der Annahme, dass wir die Wirklichkeit nicht nach Objekten, sondern nach Ereignissen strukturieren müssen. Dann zählt nicht mehr, wer etwas tut, sondern was geschieht. Dies würde auch das Konzept der Individualität infrage stellen – nicht aber den freien Willen! Niemz stellt die Frage: *Kann ich einen freien Willen haben, ohne selbst ein Individuum zu sein?*[19] Er hält es für möglich und zeigt mit einem kleinen Experiment, dass uns alles, was wir in unserem Leben tun,

---

[18] Niemz, *Ichwahn*, a.a.O., Kapitel *Verkannte Wirklichkeit*
[19] Niemz, *Ichwahn*, a.a.O., Kapitel *Der freie Wille*

mit unserem Umfeld verschränkt und trotzdem ist der Wille frei.[20]

Wie steht es dann um den gesamten Kosmos? Wenn der Kosmos vor 14 Milliarden Jahren aus einem punktförmigen Etwas entstanden ist, dann war *damals alles ganz dicht beieinander, das heißt, es stand in einer engen Wechselwirkung. Und genau diese Situation gilt auch als Auslöser für Verschränkung.*[21] Dies würde bedeuten, dass alle Objekte, inklusive der angeblichen Leere im Weltraum, ein großes Ganzes sind und mithin nicht individuell. Wenn alles auf quantenmechanischer Ebene miteinander zusammenhängt, wäre nichts separierbar. Dies bedeutet: Wir dürfen das Konzept der Individualität infrage stellen zugunsten eines kosmischen Bewusstseins.

Was ist der menschliche Geist?

Wie steht es dann um unser persönliches Bewusstsein und um unseren menschlichen Geist? Ich habe eine logische Antwort: Wie im Großen, so auch im Kleinen. Der Mensch ist nichts anderes als ein kleines Universum im großen Universum. Aus dem biologischen „Urknall", dem Zusammentreffen von Ei- und Samenzelle, entsteht ein schnell expandierender Raum von enormer Komplexität. Auch hier ist zu Beginn alles so dicht beieinander, dass es in einer engen Wechselwirkung steht – eben die Situation,

---

[20] Niemz. dto.
[21] Niemz, *Ichwahn*, Kapitel *Verkannte Wirklichkeit – Zwei oder nicht zwei?*

die als Auslöser für Verschränkung gilt. Stellen Sie sich vor, dass in jedem kleinsten Teilchen Ihres Körpers ein bewusster, intelligenter Geist steckt. Dann könnte die Bilanz aller Quanten, die Ihren Körper mittels der Atome und Moleküle zusammenfügen, Ihren persönlichen Geist ausmachen.

Max Planck (1858–1947), der Begründer der Quantentheorie, äußerte die Vermutung, dass alle Materie nur durch eine Kraft entsteht und besteht, welche die Atomteilchen in Schwingung versetzt und sie zusammenhält. Hinter dieser Kraft vermutete er einen bewussten, intelligenten Geist.[22] Tatsächlich reagieren einzelne Photonen und sogar Elektronen im sogenannten Doppelspaltexperiment seltsam intelligent. Der wissenschaftliche Versuch geht auf das ursprüngliche Experiment im Jahre 1802 zurück, bei dem Lichtwellen eine Doppelspaltvorrichtung durchlaufen. Dabei bilden sich streifenförmige Überlagerungsmuster (Interferenzstreifen – die Wellen löschen einander aus oder verstärken einander, wie bei zwei Kieselsteinen, die gleichzeitig nebeneinander in einen stillen Teich geworfen werden). Heute ist man in der Lage, einzelne Lichtteilchen und sogar einzelne Elektronen durch die Apparatur zu schicken. Seltsamerweise trifft Einzelteilchen für Einzelteilchen an einem anderen Punkt auf, und all diese

---

[22] P.M. Welt des Wissens, Dezember 2007, Quantenphysik & Mystik, *Ich wünsch mir was vom Universum*, S. 14 ff., von Manon Baukhage und Thomas Vasek

Punkte zusammen zeigen das alte Interferenzmuster, das man vom Wellenversuch kennt. Das einzelne subatomare Teilchen verwandelt sich nach dem Passieren des Spalts in eine Welle, obwohl es doch als einzelnes Teilchen auftrifft. Es interagiert mit sich selbst. Das geheimnisvolle Verhalten des Lichts ist auch das Geheimnis der Materie, das heißt, es überträgt sich auf die gesamte Existenz.

Dann könnte die Summe aller verschränkten „intelligenten" Teilchen unseres komplexen Körpers unseren Geist ausmachen. Natürlich ist der Geist räumlich und zeitlich in der Nähe seines Körpers konzentriert. Und dieser Geist könnte meines Erachtens die in der Physik schon vielfach diskutierte, geheimnisvolle *fünfte Kraft* sein, die neben den vier bekannten Fundamentalkräften des Universums – die Gravitation, die elektromagnetische Kraft, die schwache und die starke Wechselwirkung – das Universum stabilisiert.

Auch unser Körper hat die vier genannten Fundamentalkräfte. Und der intelligente Geist hält den Betrieb des Körpers aufrecht.

Übertragen wir dieses Modell auf unsere große „Mutter", das Universum, dann wäre das kosmische Bewusstsein das Pendant zu unserem Geist und mithin die geheimnisvolle *fünfte Kraft*.

Was geschieht mit uns nach dem Sterben?[23]

Was passiert mit dem Geist, wenn die Hardware stirbt? Bei der Beantwortung dieser Frage beziehe ich mich erneut auf Thesen von Prof. Niemz.

Niemz setzte sich intensiv mit Berichten von Menschen mit Nahtoderfahrungen auseinander und zog zur Erklärung dieses Phänomens Erkenntnisse aus der modernen Physik heran.

Im Sterbeprozess dehnt der Geist sich offenbar immer weiter aus, wodurch die Konzentration in der Nähe des Körpers geringer wird. In dieser Grauzone dürfen wir außerkörperliche Erfahrungen wie die Nahtoderfahrung ansiedeln. Viele Menschen mit Nahtoderfahrungen berichteten, dass sie sich mit zunehmender, extrem hoher Geschwindigkeit durch einen Tunnel auf ein Licht zubewegten, das größer und heller wurde.

Die Spezielle Relativitätstheorie kennt diesen Tunnel-Licht-Effekt, nämlich den Searchlight-Effekt. Dieser besagt, dass die Lichtstrahlen bei einer fast lichtschnellen Bewegung des Betrachters gebündelt auf ihn eintreffen. Besonders helles Licht strahlt aus der Richtung, in die sich der Betrachter bewegt. Regionen, an denen sich der Betrachter vorbeibewegt oder von denen sich der Betrachter entfernt, verschwinden dagegen in einem dunklen Tunnel.

---

[23] Die Antwort ist eine Zusammenfassung des Autors aus Niemz, *Ichwahn*, a.a.O., Kapitel: *Der Searchlight-Effekt* und Niemz, *Lucys Vermächtnis*, a.a.O., Kapitel *Nahtoderfahrungen*

Die einzige Voraussetzung, um die Nahtoderlebnisse mit dem Searchlight-Effekt erklären zu können, lautet: Der Geist wird, wenn er den Körper verlässt, auf Lichtgeschwindigkeit beschleunigt. Der zunehmend materielose Geist ist ohne die Masse des Körpers mehr und mehr in der Lage, auf Lichtgeschwindigkeit zu gehen und eins zu werden mit dem Licht.

Erst mit dem Erreichen der Lichtgeschwindigkeit wäre der Eintritt in die Ewigkeit unumkehrbar vollzogen. Dann ist der Geist nicht mehr mit dem toten Körper verschränkt. Er speist keine neuen Daten mehr ins Licht ein. Der dort gespeicherte Datenbestand der vormaligen Geist-Mensch-Einheit erführe quasi einen Abschluss und wäre für immer und ewig statisch vorhanden. Die Ewigkeit – oder auch der *Himmel* – wäre somit keine andere Welt, in die wir beim Sterben eintreten könnten, sondern nur eine andere Perspektive auf die Wirklichkeit.

Für den auf Lichtgeschwindigkeit beschleunigten Geist fänden dann alle Ereignisse im Universum ohne Zeitverzug statt. Das ist ein weiterer Effekt aus der Speziellen Relativitätstheorie: die Zeitdehnung bis hin zur Ewigkeit.

Für den auf Lichtgeschwindigkeit beschleunigten Geist fänden dann auch alle Ereignisse im Universum distanzlos statt. Das ist der dritte Effekt aus der Speziellen Relativitätstheorie: die Längenverkürzung; im Extremfall ist alles distanzlos.

Der Geist wäre also wie das Licht ewig und omnipräsent. Die Theologie und die Effekte der modernen Physik reichen sich hier die Hände.

Wer ist der Administrator des Lichts?

Laut der von Einstein entdeckten Äquivalenz zwischen Energie und Masse ($E=mc^2$) kann sich Lichtenergie in Masse umwandeln. Aus der Energie eines Lichtteilchens können spontan zwei Masseteilchen entstehen – je ein Stück Materie und Antimaterie. Umgekehrt ist es auch möglich: Wenn ein Stück Materie und Antimaterie miteinander kollidieren, kann daraus ein Lichtteilchen entstehen.

Physikalisch betrachtet existierte im Kosmos zunächst nur das Licht und die Materie folgte deutlich später. *Das Licht ist der Urstoff von allem! Das Licht ist die Quelle von Raum, Zeit und Materie.*[24] Somit ermöglicht das Licht auch unsere materiellen Körper. Aber das komplizierte Leben resultiert nicht allein aus Materie und Energie. Erst zusammen mit der Intelligenz, also dem lichten Geist in uns, entsteht bekanntermaßen Leben.

Der lichtdurchflutete Kosmos verhält sich also wie eine gebärende Schöpferin. Wer oder was darf dahinter vermutet werden? Ist der Kosmos mehr als ein nüchterner, gigantischer Quantenrechner, und wenn ja, wer führt die

---

[24] Niemz, *Lucys Vermächtnis*, S. 76

Berechnungen durch? Wer kontrolliert das Licht? Lässt sich eine Kraft außerhalb unserer Raum-Zeit nachweisen?

Im *Center for Quantum Philosophy* in Zürich setzte der Physiker Antoine Suarez die „verwandten" Teilchen den Einflüssen der Speziellen Relativitätstheorie aus. Er stellte fest, dass die *spukhafte Fernwirkung* ihre Wurzeln außerhalb unserer räumlichen und zeitlichen Wirklichkeit hat. Offenbar werden außerhalb unserer physikalischen Welt ständig quantenmechanische Berechnungen durchgeführt, die unsere Realität beeinflussen. Womöglich stehen wir einer kosmischen Intelligenz gegenüber, die nach eigenem Ermessen die Realität verändern kann.[25]

Professor Niemz gelangt zu der Einsicht: *Wir irren gewaltig, wenn wir glauben, Raum und Zeit seien real, die Ewigkeit sei dagegen eine Illusion. In Wahrheit verhält es sich genau anders herum: Der Raum und die Zeit sind Illusionen, aber die Ewigkeit ist real. Allerdings ist sie als Blickwinkel dem Licht vorbehalten, das heißt, alle materiellen Objekte müssen sich mit einem mehr oder weniger verzerrten Blick auf die Wirklichkeit begnügen.*[26]

Nach der Lektüre von Niemz' Büchern stellt sich für mich die altbekannte leidige Frage nicht mehr: Warum lässt Gott so viel Leid zu? Es muss andersherum lauten. Das Licht fragt uns: Warum speichert ihr so viel Leid in mich?

---

[25] *P.M. Welt des Wissens*, Dezember 2007, a.a.O.
[26] Siehe Niemz, *Ichwahn*, a.a.O., Kapitel *Die Lichtperspektive*.

Neue Indizien für den „falschen Fuffziger"

Eingangs sprach ich von neuen Indizien, die meinen Verdacht begründen, dass die Spezielle und die Allgemeine Relativitätstheorie, die Einstein 1905 und 1915 veröffentlichte, der Anlass für *Gottes* Handeln ab dem Jahr 1916 in Fatima/Portugal war und dass die Heiligen Schriften das Tatmittel einer Alien-Macht namens Gott sein dürften.

Gefährder Einstein

Mit den Einstein'schen Erkenntnissen wird der Blick auf ein naturwissenschaftliches GOTT frei, das keinen Raum für unseren personifizierten Gott lässt und dem Feindseligkeiten fremd sind. Das Tatmittel *Heilige Schrift* ist aber voller Feindseligkeiten und Androhungen von Sanktionen, nicht zuletzt durch den falschen Gott persönlich! Ich möchte hier nicht wiederholen, was ich in meinen vorigen Büchern publiziert und in öffentlichen Vorträgen referiert habe. Das Strafregister Gottes lässt sich in der Bibel nachvollziehen. Ich spreche nicht von menschlichen Fehlleistungen und Fehlinterpretationen, sondern von Gottes ausdrücklichen Verordnungen und sogar seine persönlichen Handlungen. Hier lassen sich Tatbestände erkennen, welche sich auf Religion und Weltanschauung beziehen, die öffentliche Ordnung empfindlich verletzen sowie gegen das Leben und gegen die körperliche Unversehrtheit gerichtet sind. Alles im Namen der Religion.

Der/die oder das wahre GOTT hat aber keine Religion. Mit den physikalischen Erkenntnissen zu Geist, Himmel und Schöpfung wird der selbsternannte Gott obsolet.

Nun verstehen wir, wieso es der Alien-Bande namens „Gott" zu Beginn des 20. Jahrhunderts so unter den Nägeln brannte, dass man sich in Fatima dazu entschloss, Millionen Menschen erneut auf das falsche religiöse Gleis zu setzen. Es hat funktioniert![27]

Tatmittel *Heilige Schriften*

Die Kritiker von Bibel und Koran haben grundsätzlich Recht, wenn sie sagen, dass die *Heilige Schriften* ein Sammelsurium tausender Schriften aus verschiedenen Epochen sind. Aber wie konnte das schriftliche Durcheinander zu einem gigantischen schlüssigen Drehbuch werden? Zu einer Indoktrinationsschrift erster Güte, mit einer klaren politischen Linie und einer gleichbleibenden Ideologie? Zudem lassen sich

---

[27] Judas Aries, *FATIMA – Wozu braucht Gott Fluggeräte?*, Books on Demand, Norderstedt 2018.

wiederkehrende Strukturen personeller und materieller Art von A bis Z erkennen, also von Adam bis Mohammed und hin zu den Ereignissen von Fatima. Das ist keine rein irdische Leistung mehr! Wir dürfen sehr wohl annehmen, dass Gott seine Finger im Spiel hatte. Man ging sogar so penibel vor, dass man bei der Redaktion des menschenunmöglichen Tatmittels *Heilige Schriften* einige Wahrheiten zur Schöpfung einfließen ließ. Das ist einmal mehr ein starkes Indiz für meine Annahme, dass Bibel und Koran kein gewöhnliches menschliches Werk sind.

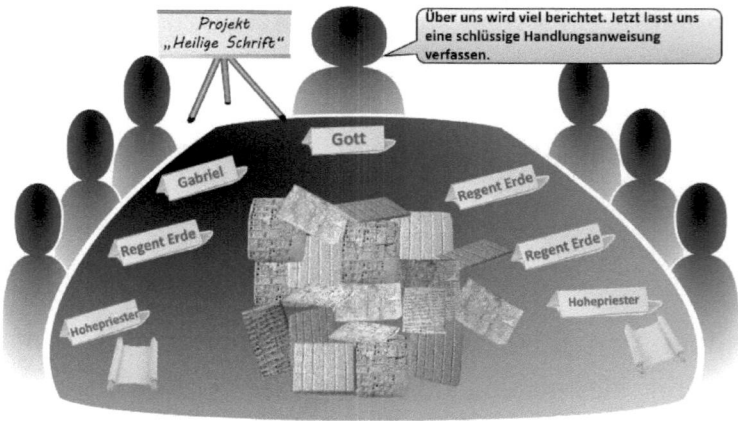

Was meine ich damit? Wir wissen nun um die Funktion des Lichts bei der Schöpfung und um die räumliche und zeitliche Distanzlosigkeit aus dem Blickwinkel des Lichts auf die von uns empfundene Wirklichkeit. Die Alien-Macht namens *Gott* war und ist uns natürlich weit voraus mit diesem Wissen.

Versetzen Sie sich einmal in deren Lage. Wenn Sie die Schöpferrolle konsequent vorgaukeln wollen, dann bleiben Sie dabei doch hart an der Wahrheit.

Jetzt schauen wir in Bibel und Koran. Die Aussagen zum Licht sind dort wie folgt dargestellt:

- Jehova ist mein Licht und mein Heil. (Psalmen 27,1)
- … er zeugte von dem Lichte … das wahrhaftige Licht, welches jeden Menschen erleuchtet. (Johannes 1,7)
- Jeder, der Arges tut, hasst das Licht und kommt nicht zu dem Licht. (Johannes 3,20)
- Ich bin das Licht der Welt … (Johannes 8,12)
- Glaubet an das Licht, auf dass ihr Söhne des Lichtes werdet. (Johannes 12,36)
- Allah ist das Licht des Himmels und der Erde … Allah leitet zu seinem Licht …" (Sure 24,35)

Und der altbekannte Spruch *„von Ewigkeit zu Ewigkeit"*, den wir in genau 30 biblischen Versen finden, trifft den Kern der Sache, weil das Licht mit seiner Absolutheit die Ewigkeit ist. Aus dem Licht sind wir entstanden und zum Licht kehren wir zurück.

Die Genesis

Sogar die Kürze der Schöpfungsgeschichte steht nun in einem neuen Licht da. Wir wissen um die schöpferische Kraft des Lichts. Aus der Perspektive des Lichts ist der gesamte Kosmos nur ein Punkt und dessen gesamte Geschichte nur ein Augenblick. Alles lag dem Licht in Nullkommanichts vor. Dies wird im Buch *Genesis* mit den sechs Schöpfungstagen bildhaft recht gut dargestellt! Also auch in dieser Sache hat die Redaktion *Gottes* gute Arbeit geleistet und die wahre Schöpfung kinderbuchgleich für sich reklamiert und ausgenutzt!

Doch damit nicht genug. Wenn der falsche Gott sich als wahre Schöpfungskraft ausgibt, dann sollte er die wahre Kraft hinter dem Licht vorsichtshalber mit einem Bann belegen. Jetzt überlegen Sie: Wenn das Licht der sogenannte Himmel ist, dann ist die Kraft, die das Licht in die Welt getragen hat, eine Art Lichtträger oder auch Lichtbringer. Der lateinische Name für „Lichtträger/Lichtbringer" lautet *Luzifer*. Mit dieser Eigenschaft ist der Name doch an sich positiv belegt. Warum steht der Begriff *Luzifer* trotzdem gleichbedeutend mit einem Namen des Teufels? Weil er der natürliche Kontrahent des selbsternannten Gottes ist und niemand vorschnell auf die Idee kommen soll, das Licht als den Himmel anzusehen und die dahinter stehende Kraft als das wahre GOTT? In jedem Fall geistert der Bann noch heute in unseren Köpfen.

Die Cloud und die Fernwahrnehmungen

An dieser Stelle möchte ich noch einmal auf unser Gehirn zurückkommen. Zu Beginn dieses Buches stellte ich die Speicherfunktion des Gehirns infrage und sprach neben grundsätzlichen Steuerfunktionen von einer Art WLAN-Empfänger zu unseren persönlichen Daten in der Cloud, das heißt: zu einem persönlichen Speicherplatz im Licht.

Für diese Annahme spricht meines Erachtens die sogenannte Lebensrückschau in Todesnähe, insbesondere im Zusammenhang mit dem Tunnelerlebnis. Manchmal erhält die noch funktionierende Geist-Mensch-Einheit an der Grenze zur Einswerdung mit dem Licht einen Einblick in alle Szenen, die sich im Leben des Sterbenden ereignet haben. Das ist nicht bei allen Nahtoderfahrungen der Fall, sondern erst bei einer weit fortgeschrittenen Erfahrung, hart an der Grenze zum Übergang in die Ewigkeit des Lichts.[28] Meines Erachtens spricht dieses Phänomen für einen Speicherplatz im Licht. Wäre die Lebensrückschau im Gehirn gespeichert, würde sich die Frage stellen,

---

[28] Kenneth Ring, *Life at Death – A Scientific Investigation of the Near-Death Experience*, William Morrow, New York 1980, chap. 3.

warum sie sich dann nur in extremer Todesnähe und nicht zu normalen Lebzeiten zeigt.

Vielleicht erfährt jeder Mensch beim Übergang in die Ewigkeit diese Rückschau als eine Art Fegefeuer oder gar Hölle. Dann hätten auch diese Mythen einen wahren Kern.

Vielleicht lässt sich auch das Phänomen der Fernwahrnehmung mit dem Lichtspeicher erklären.

1978 wurde in Maryland/USA vom US-Geheimdienst *DIA* und dem *Stanford Research Institute (SRI)* ein Projekt zur Erforschung des Potenzials außersinnlicher Wahrnehmungen gegründet. Es ging um die militärische und geheimdienstliche Nutzung von Fähigkeiten, um Orte, Personen und Sachverhalte aus der Ferne wahrnehmen zu können: das sogenannte Remote Viewing. Das Projekt wurde Mitte der 1990er Jahre bekannt und 1995 beendet. Danach wurde es von privater Seite aufgenommen und weiterentwickelt.[29] Angeblich sollen versierte Viewer sogar in der Lage sein, zukünftige Entwicklungen zu beschreiben.

In unserer Computerwelt kennen wir alle das sogenannte Hacken, wenn jemand widerrechtlich in fremde Datenbestände eindringt. Dürfen wir uns analog dazu einen Zugriff auf den Lichtspeicher vorstellen? Die sogenannte Fernwahrnehmung kann doch nur dann

---

[29] *PSI-Spione – Remote Viewing bei der CIA*, EXOMAGAZIN.TV, 07.09.2018, https://www.exomagazin.tv/die-faszinierenden-ergebnisse-von-remote-viewing/ (zuletzt abgerufen: 02.11.2018).

funktionieren, wenn unsere Wirklichkeit im Licht gespeichert ist. Ob damit sogar zukünftige Entwicklungen beschrieben werden können, wird in der oben genannten Quelle für mich nicht überzeugend dargestellt. Man verweist auf alte Fälle, wobei die Viewer nicht nachvollziehbare Gründe benennen, warum man speziell diesen oder jenen Blick in die nahe Zukunft nicht mehr vornehmen möchte.

Gleichwohl stehen wir mit unserer Hardware (menschlicher Körper) und dem WLAN-Empfänger (Gehirn) mitten im Leben, besser gesagt: im Licht. Wir senden ununterbrochen Daten und es stellt sich die berechtigte Frage, ob wir die Fähigkeit besitzen, Informationen aus dem allumfassenden großen Bewusstsein erlangen zu können.

Mir wäre es lieber, es gäbe in dieser Sache einen neutralen Sachbeweis anstelle visionär anmutender Ergebnisse.

Und tatsächlich könnte es diesen geben! Vor ziemlich genau zehn Jahren beschrieb ich zum Ende meines ersten Buches ein Universitätsexperiment mit einem denkwürdigen Ergebnis.[30] Mir ging es in diesem Zusammenhang um die Frage, ob die von Gott über Gabriel verfügte streng einzuhaltende fünfmalige Betpflicht pro Tag einen tieferen Beweggrund haben könnte. Warum weitete man die abrahamitische Religion

---

[30] Judas Aries: *DAS UNTERNEHMEN Gott – Die Kriminalität (des)der (All)mächtigen*, S. 435 ff., Abschnitte *Beten funktioniert* und *Mohammed und der spekulative Gedankenscanner*.

mit Konzentration auf die Kaaba in den arabischen Raum aus? Weshalb entwirrte und kanalisierte Gott das bis dahin ohne Ordnung praktizierte Beten zu einem konzentrierten Denken vieler in derselben Sache auf den selben Ort fünfmal pro Tag zur selben Zeit möglichst um den gesamten Globus? Könnte das gemeinsame Gebet ein messbarer Indikator für den Erfolg der Indoktrination Gottes sein?

Das erwähnte Experiment befasst sich mit dem Nachweis des konzentrierten Denkens Vieler zu ein und demselben Ereignis. In den 90er Jahren erforschte man an der Universität Princeton/USA die Beeinflussung der Materie durch den Geist. Hierbei wurden Dioden mit weißem Rauschen als Schnittstelle zwischen Mensch und Maschine/Computer genutzt. So erstaunlich es klingen mag, aber eine Verbindung zwischen Probanden (in diesem Fall Studenten) und einer speziellen Maschine-Computer-Einheit führte in etlichen Testläufen zu aussagekräftig positiven Ergebnissen. "Die Auswertung aller Testdaten ergab, dass der Computer über die Diode mit dem weißen Rauschen registrieren konnte, was die Operanden während der jeweiligen Testläufe gedacht hatten und das dann auch korrekt anzeigte."[31]

---

[31] Peter von Buengner, *Morphische Felder sind jetzt wissenschaftlich messbar!*,
https://www.google.de/url?sa=t&rct=j&q=&esrc=s&source=web&cd=1&cad=rja&uact=8&ved=2ahUKEwikx_Hy3bXeAhUGKBoKHXtGAoEQFjAAegQICRAC&url=https%3A%2F%2Fakademieintegra.files.wordpress.com%2F2010%2F12%2Fmorphische-felder-sind-jetzt-wissenschaftlich-

Die gedankliche Einflussnahme auf die Apparatur wollte man daraufhin als aussagekräftige Größe im Raum messen. Hierfür nahm man zunächst Gruppen von Menschen ins Visier, die ihre Aufmerksamkeit auf ein konkretes Ereignis gerichtet hatten, etwa bei Theateraufführungen, religiösen Zeremonien und dergleichen. Tatsächlich standen geistige Absichten und Zufallsereignisse in auffälliger Wechselbeziehung zueinander.[32]

Die zugrunde liegende Technologie wird als ein Zufallsgenerator und ein Computer beschrieben, wobei eine *Diode mit weißem Rauschen* als Schnittstelle dient. Die Zufallsgeneratoren wurden dank der Datenübertragung per Internet mobil und stellten bis Mai 2002 ein Netzwerk von 50 Maschinen dar (das sogenannte *Global Consciousness Projekt*, GCP), verteilt in Nord- und Südamerika, Europa, Asien, Afrika und Australien. Es wird angenommen, dass bei herausragenden Nachrichtenereignissen mit weit verbreiteter Aufmerksamkeit eine große geistige

---

messbar.pdf&usg=AOvVaw0B-PXe5lZ-X2nmxjit0ulU (zuletzt abgerufen: 25.12.2018)

[32] Dr. Dean Radin: *Auf der Suche nach Geist-Materie Interaktionen auf globaler Ebene* (Übersetzung aus dem Englischen: Dr. Stephan Krall), https://www.google.de/url?sa=t&rct=j&q=&esrc=s&source=web&cd=1&cad=rja&uact=8&ved=2ahUKEwj22Zvl4bXeAhULxoUKHdjZB3MQFjAAegQIARAB&url=http%3A%2F%2Fdocplayer.org%2F10408262-Auf-der-suche-nach-geist-materie-interaktionen-auf-globaler-ebene-a.html&usg=AOvVaw0ysOjNUREYcGBmVfn2_r7G (zuletzt abgerufen: 25.12.2018).

Zusammengehörigkeit entsteht, die in den Zufallsgeneratoren einen informativen Wert erzeugt. Bis Mai 2002 wurden 104 Ereignisse untersucht, und zwar mit aussagekräftigen Ergebnissen.[33]

Stellen Sie sich für ein einfaches Verständnis unter einem Zufallsgenerator eine gigantische Münzwurfmaschine vor, die permanent Münzen in die Luft wirft und dabei die Anzahl der Kopf-und-Zahl-Ergebnisse festhält. Ohne besondere Einflüsse würden wir keine aussagekräftigen, weil mehr oder weniger gleichbleibende, Zufallsdaten erhalten. Wenn sich nun eine große geistige Verbundenheit im Raum formiert, dann fühlen die Münzen sich veranlasst, signifikant mehr nur auf Kopf oder nur auf Zahl zu landen. So ähnlich verhält es sich mit den Zufallsgeneratoren, die äußerst zuverlässig permanent einen Zufallsdatenstrom erzeugen. Die Schnittstelle zwischen Mensch und Maschine nimmt unter Umständen das globale Bewusstsein wahr und ordnet in dem Fall die Zufallsdaten zu einem erkennbaren Muster.

Eine ganz erstaunliche Punktlandung legten die „Münzen" an zwei berühmten Ereignissen hin:

- Während der Trauerfeier zu Lady Dianas Tod herrschte bekanntlich große Betroffenheit in der westlichen Welt. Die Zufallsgeneratoren erzeugten

---

[33] Dr. Dean Radin, a.a.O.

hierbei Daten, die aussagekräftig von der Zufallserwartung abwichen.[34]

- Das weitaus auffälligste Ergebnis erbrachte bezeichnenderweise der 11. September 2001. Es mag seltsam klingen, aber „Münzen" lagen bereits fast fünf Stunden vor dem ersten Flugzeugeinschlag einträchtig am Boden. Erst acht Stunden später beruhigte sich die Kurve wieder. Eine achtstündige Standardabweichung von enormer Größenordnung gab es ansonsten im gesamten Jahr 2001 nicht. Ein statistischer Zufall oder ein analytischer Fehler wurden ausgeschlossen. Das Resultat könnte als Nachweis einer Wechselbeziehung zwischen Geist und Materie auf weltumspannender Ebene dienen, denn das Ergebnis beruhte keineswegs nur auf wenigen Zufallsgeneratoren in Nordamerika und Europa. Offenbar gibt es einen globalen Geist, der quantitativ nachgewiesen werden kann.[35]

Seltsam ist, dass das globale Bewusstsein am 11. September 2001 schon ab dem Moment reagierte, als zur Ausführung der Tat konkret angesetzt wurde. Es war bereits um 04:00 Uhr „alarmiert", obwohl bis zum Einschlag des ersten Flugzeugs um 08:45 Uhr öffentlich nicht darüber berichtet wurde.

---

[34] Eckhard Etzold: *Wie zuverlässig sind die Ergebnisdaten des Global Consciousness Project?*, Zeitschrift für Anomalistik, Band 3 (2003), S. 83–98.
[35] Siehe Peter von Buengner, a.a.O.

Vor zehn Jahren konnte ich diese Kuriosität nur unkommentiert wiedergeben. Im Laufe der Jahre dachte ich sporadisch immer mal wieder daran und ich war mir sicher, dass mir irgendwann eine Lösung des Rätsels in den Sinn kommen würde. Darauf konnte ich vertrauen. Das war bei vielen anderen Problemstellungen in meinem Gesamtwerk auch so. Ich denke, dass ich nun im Ansatz auf der richtigen Spur bin. Wir dürfen in Erwägung ziehen, dass die gewaltige Information des weltumspannenden Ereignisses *9/11* aus der Perspektive des Lichts schon vorhanden war. Die Maschine-Computer-Einheit des *Global Consciousness Projekts* war wie ein Viewer, dem ein Blick hinter den Vorhang möglich wurde. Die Apparatur konnte Daten aus dem Tagebuch der Schöpfung registrieren, noch bevor das Ereignis aus unserer Perspektive stattfand. Das ist meines Erachtens ein denkbarer Sachbeweis für die abstrakte Wahrnehmung herausragender Ereignisse in naher Zukunft.

Nachwort

Ganz sicher haben Sie noch Fragen, zum Beispiel: Wie bewege ich mich als Geist im Jenseits? Sehe ich meine verstorbenen Lieben wieder? Kann ich einen visuellen oder auditiven Kontakt zu den Lebenden herstellen? Gibt es die Hölle?

Prof. Niemz äußert sich recht eindeutig zum *Himmel*.[36] Er ist der Ansicht, dass das Jenseits eine Projektion des Diesseits ist. Damit liegt es nicht außerhalb des Diesseits. Das hat zur Folge, dass das Jenseits kein Ort ist, an dem ein individuelles Leben nach dem Tod stattfinden könnte. Nach dem physischen Tod existiert kein Ich mehr. Alle Seelen verschmelzen quasi mit dem Licht und sind eins mit dem Licht. Damit sind sie unterschiedslos. Der Grundgedanke der Individualität ist mehr Schein als Sein. Folglich gibt es auch kein „Wiedersehen". Das kosmische Bewusstsein tritt in den Vordergrund. Es wird von uns genährt, wenn wir im Sterben all unsere Erfahrungen im Licht freigeben. Die Welt ist damit eine Ansammlung von Erfahrungen. Es zählt also nicht, wer fühlt und lernt, sondern nur noch, was gefühlt und gelernt wird. Das Licht und die Materie bilden ein sich selbst organisierendes

---

[36] Vom Autor zusammengestellte Quintessenz aus Prof. Dr. Niemz Büchern *Ichwahn* und *Lucys Vermächtnis*.

Netzwerk, das bewusst fühlt, lernt und handelt, und zwar durch uns! Dieses Netzwerk ist die Natur, deren Gedächtnis das Licht ist, und das Licht ist ein Synonym für Gott.

Nun gut, ob Niemz mit seiner Theorie über den *Himmel* recht hat oder nicht, das sagt uns bald das Licht. Ich tendiere zu seiner These. Es wäre doch unangenehm, wenn der *Himmel* bevölkert wäre von geistigen Individuen, die über alles und jeden informiert wären – also auch über all Ihre Gedanken und Taten vor und nach Ihrem Ableben. Und wenn es so wäre, dann würde dies zugleich die Individualität infrage stellen, denn wenn alle auf dem gleichen Wissensstand wären, dann gäbe es keine individuelle Abgrenzung mehr.

Wir können es drehen und wenden, wie wir wollen. Die vernünftigste Annahme ist die eines kosmischen Bewusstseins, das von all unseren Taten in unserem Leben bereichert wird.

Wie steht es dann um die *Hölle*? Ich finde es interessant, dass die *Hölle* als ein Ort der Strafe im Jenseits bis zum dritten Jahrhundert v. Chr. keine Erwähnung in der *Heiligen Schrift* findet. Selbst im Neuen Testament kommt sie selten vor, und dann auch mehr ermahnend. Für mich ist das einmal mehr ein kleines Indiz für meine These vom Tatmittel *Heilige Schrifent*.

Versetzen Sie sich in die Lage des falschen Gottes. Warum hätte er bei der Zusammenstellung der Schriften einen

Gegenpol schaffen sollen? Ein Jenseits vom Jenseits in Form einer Hölle? Ein Potentat wie Gott lässt keine Konkurrenz zu, weder Hölle noch Teufel. Stattdessen schürt er Ängste. Zum Beispiel vor einem vergeudeten, verlorenen Leben ohne Liebe und Annahme durch Gott, wenn Sie Ihre Freiheitsrechte in Sachen Weltanschauung ausleben möchten. Der Vergewaltiger Gott erzwingt unsere Hingabe und lässt keine Ablehnung seiner selbst zu. Die Hölle hat er nie angedroht. Er hat ausschließlich per umfangreicher Gesetzgebungen und Verhaltensvorschriften seine Akzeptanz erzwungen, indem er z. B. irrationale Schuldgefühle erzeugt und sich gleichzeitig als Institution anbietet, die helfend zur Seite steht. Ich finde es also bezeichnend, dass die *Hölle* im Christentum ihren Stellenwert erst weit nach der Redaktion der *Heiligen Schriften* erhielt. Die bekannten Höllendarstellungen kamen erst im Mittelalter in Fahrt, als Mönche anfingen, Höllenvorstellungen zu entwickeln.

Wenn es die *Hölle* gibt, dann dürfen wir sie uns als einen Läuterungsprozess im Sterbeverlauf vorstellen. Dieser würde dann eintreten, wenn die sogenannte Lebensrückschau umso schmerzhafter ist, je mehr Leid und Unheil der Einzelne seinen Mitmenschen und seiner Umwelt zugefügt hat. Auch mit dieser Ansicht gehe ich mit Prof. Niemz konform. Tatsächlich gibt es negative

Nahtoderfahrungen. Betroffene berichten, sie seien regelrecht durch die Hölle gegangen.[37]

Schlusssatz des Autors

Das wahre GOTT im Licht hat keine Religion. Dieses GOTT im Licht kann niemand für sich reklamieren, weil es nicht egoistisch, neidend und mordend auf den Plan tritt. Das sollte uns zu denken geben, wenn wir die Früchte des zornigen Gottes aus Bibel und Koran täglich sehen und hören.

---

[37] Michael Schröter-Kunhardt: *Unterweltfahrten als „near-death experiences"*. *Ein Beitrag zur Deutung negativer Nah- Todeserlebnisse,* in: Markwart Herzog (Hrsg.), *Höllen-Fahrten: Geschichte und Aktualität eines Mythos*, Kohlhammer Verlag, Stuttgart 2006, S. 265 ff.